HOURS with the MASTERS

BOOK 3 • GRADE 4

BOSWORTH EDITION

Jig in G

(*From Sonata No. 6*)

This must be light and brisk. Mark the rhythm well, but do not bump the accents. Where arpeggios are divided between the hands see that the join is perfect, so that they sound as if played by one hand. Long slurs are phrase marks. Attend to all small details *within* these slurs.

Gigue en Sol

(*Extraite de la Sonate No. 6*)

Ce morceau doit être léger et animé. Bien marquer le rythme, mais ne pas trop appuyer sur les accents. Là où les mains se partagent les arpèges, veiller à ce que la jonction soit parfaite, de façon à ce qu'ils sonnent comme s'ils n'étaient joués que par une seule main. Les longues liaisons indiquent les phrases. Observer tous les moindres détails *à l'intérieur* de ces liaisons.

ARNE
1710-1778

Made in England
Imprimé en Angleterre

B. & Co. Ltd. 19590

Minuetto

This Bohemian composer wrote some very charming, tender music for young people. Here the fine lines of melody must be delicate, staccato clean, accents well defined, progression of the shorter notes precisely moving to the accent, the *Alberti* bass steady and subdued in tone, but sufficiently marked to form a real harmonic foundation. The middle section may be crisper in style, but not quicker than the main theme. Small notes must be played exactly on the beat, throwing an accent upon the principal note.

Menuet

Ce compositeur tchèque a écrit de la musique fort charmante et tendre pour les jeunes. Ici les belles lignes de la mélodie doivent être délicatement jouées, le staccato doit être pur, les accents doivent être clairs, le mouvement des notes brèves doit progresser avec précision vers l'accent, la basse *Alberti* doit avoir une sonorité continue et assourdie, mais être suffisamment *appuyée* pour constituer un fond harmonique réel. Le motif du milieu peut être joué dans un style plus sec, mais pas plus rapide que le thème principal. Les petites notes doivent être jouées exactement sur le *temps*, avec un accent sur la note principale.

DUSSEK

1761-1812

p
f
f
p
f
p
mf
f

legato

Corrente

See that the hand is rightly shaped over each chord, and the fingers firm enough to carry through. The lovely melody in the top notes must sing, but every note in the other parts must have *character* and exact time-value. Notice that each phrase begins on the third beat. Tone graduations must be carefully noted.

Courante

Faire en sorte que la main se pose correctement au-dessus de chaque accord, et que les doigts soient assez fermes pour l'exécuter. La charmante mélodie des notes supérieures doit être chantante, mais toutes les notes des autres parties doivent avoir un *rôle* et une valeur exacte. Remarquer que chaque phrase commence sur le troisiéme temps. Les nuances doivent être observées avec soin.

FRESCOBALDI
1583-1643

Sonatina in D

(*First Movement*)

It is important that every finger should know its work, and that, *mentally*, each small section should be prepared before the first sound of it is played, so that weak sounds move to strong ones and the whole figure moves buoyantly forward to the strongest note in the phrase. A more *cantabile* touch should be used for the smooth melody of second subject.

Sonatine en Re

(*Premier Mouvement*)

Il importe que chaque doigt connaisse sa tâche, et que *mentalement* chaque petite section soit préparée avant que le premier son en soit joué, de façon à ce que les sons faibles aillent vers les sons forts, et que l'ensemble du motif progresse vivement jusqu'à la note la plus forte de la phrase. Il faudrait faire usage d'un jeu plus *cantabile* pour la douce mélodie de la seconde partie.

CLEMENTI
1752-1832

cresc.
f
f
cresc.
f
p
cresc.
f

cresc.
cresc.
dim. e rall.
p a tempo

cresc.
f
p
espress.
cresc.
f
p
cresc.

Minuet No. 1

(From French Suite No. 3 in B minor)

It will help to keep the character of the old dance-measure if you let tone lean slightly into changing melody notes (marked in the first four bars), not as a percussive accent, but enough to give precision to the beat. Feel the rhythm in two-bar phrases, and make the accent stronger on the beginning note of each *first* bar. The bass should not be too *staccato*, only neatly detached.

Menuet No. 1

(Tiré de la Suite Française No. 3 en si mineur)

Pour contribuer à conserver à cette danse ancienne son caractère, il faut appuyer légèrement sur les notes qui forment la mélodie (et qui sont indiquées dans les quatre premières mesures), ceci non pas en leur donnant un accent, mais suffisamment cependant pour donner de la précision à votre jeu. Sentir que le rythme progresse de deux en deux mesures et donner un accent un peu plus fort sur les notes qui commencent les mesures. La basse ne doit pas être trop staccato, seulement détachée avec netteté.

BACH
1685-1750

p
cresc.
p
f

Waltz in D minor

Slurs between the third crotchet beat and the first of next bar *must not interfere with the metrical accent,* but there should be an almost imperceptible lingering on each of those first slurred notes. Feel the rhythm in four-bar phrases. Notice the melodic character of the single bass notes; sustain with pedal until the chord is played.

Valse en Re mineur

Les liaisons entre le temps de la troisième noire et le premier temps de la mesure suivante *ne doivent pas modifier l'accentuation métrique,* mais il faut qu'il-y ait un ralentissement presque imperceptible sur chacune des premières notes liées. Sentir les phrases de quatre en quatre mesures. Remarquer le caractère mélodique des notes de basse isolées; les soutenir avec la pédale jusqu'à ce que l'accord soit joué.

BRAHMS, Op. 39.
1823-1897

Bagatelle in D

Do not allow the many touch variants to interrupt the flow of beat. Do not make the first quaver too short; it should be only just detached from the following crotchet. Quavers in melodic groups must have a singing quality, and semiquavers a rather brighter tone. The syncopated notes in the last sixteen bars must be felt as *four equal quavers* to each bar.

Bagatelle en Re

Ne pas permettre aux nombreuses notes d'agrément de troubler la régularité du rythme. Ne pas abréger trop la première croche; elle devrait seulement être détachée de la noire suivante. Les croches, dans les groupes mélodiques, doivent avoir une sonorité chantante, et les doubles croches une sonorité vraiment plus brillante. Les notes syncopées dans les seize dernières mesures doivent être senties comme quatre croches de valeur égale dans chaque mesure.

BEETHOVEN, Op. 33, No. 6.
1770-1827

ten.
ten.
cresc.
p
decresc.
tr
sf
p
cresc.
sf

cresc.

una corda

calando

Ecossaise in B minor

Very straightforward and rhythmical, this should be played in strict time throughout, with a certain perkiness and humour. Accents bright but not overdone.

Ecossaise en Si mineur

Morceau d'allure stricte et très rythmique, à jouer très en mesure d'un bout à l'autre, avec une certaine hardiesse et de l'humour. Accents brillants, mais sans exagération.

SCHUBERT
1797-1828

f
p
p
p
mf
p
p
p
p
f
p
p
p
p
p
mf
p
p
p
p
f
p
p
p
p
p
mf
cresc.
dim.
p
p
p
mf cresc.
f
dim. e rit.
p
p
p
p
p

Etude in E minor

This Study is really a charming little piece in the style of a *Tarantelle*. Play with well curved fingers to obtain brilliante tone. Count two brisk beats in the bar and take care to enter at the *exact* "time-spot" after rests.

Etude en Mi mineur

Cette Etude est en même temps un charmant petit morceau dans le style d'une *Tarentelle*. Jouer avec les doigts bien courbés, pour obtenir une sonorité brillante. Compter deux temps vifs par mesure, et avoir soin d'attaquer exactement sur le temps, après les pauses.

HELLER, Op. 46, No. 7.
1815-1888

f
p
f
p
f
p
p
f
sf
sf
sf

Gigue

(*From Suite No. 16 in G minor*)

Notice how, in the first section, the tune announced in R.H. is taken up by L.H., and in the second section the process is reversed. The *voices* must be quite clearly defined in both parts. Phrase as marked, with four distinct accents in the bar. The *Gigue* is a very jolly dance of English origin.

Gigue

(*Extraite de la Suite No. 16 en sol mineur*)

Remarquer comment, dans la première partie, l'air indiqué à la main droite est repris par la main gauche, et dans la seconde partie le procédé est inverse. Les *voix* doivent être bien clairement exprimées dans les deux parties. Phraser comme indiqué, avec quatre accents distincts par mesure. La *Gigue* est une danse très gaie d'origine anglaise.

HANDEL
1685-1759

mf
cresc.
f
poco rit.
p

Gavotte

Every phrase of the *Gavotte* begins on the third crotchet beat of the bar. Progression to the stronger beat must be carefully observed. The couplets of slurred quavers need care; the first note must be slightly stressed, the second played lightly.

Gavotte

Chaque phrase de la *Gavotte* commence sur le troisième temps de la mesure. Il faut observer avec soin la progression vers *le temps fort*. Les groupes de deux croches liées doivent être interprêtées avec soin; la première note doit être accentuée légèrement, et la seconde jouée avec légèreté.

BACH

Pavane

(The Earle of Salisbury)

This dance is dignified and stately, with a certain proud buoyancy, achieved by firm accents and brisk forward movement of shorter to longer notes. Part-playing is most important. See that each *voice* goes its appointed way, as though played on a separate instrument. Give more tone to long notes, so that they will continue to sing.

Pavane

(Le Comte de Salisbury)

Cette danse est majestueuse et imposante, avec une certaine vivacité hautaine, obtenue par des accents fermes et une bonne progression des notes courtes vers les notes longues. Il est très important d'interprêter ce morceau dans l'esprit donné ci-dessus. Faire en sorte de suivre chaque voix, comme dans le jeu d'un instrument séparé. Donner plus de sonorité aux notes longues, pour qu'elles continuent à chanter après la frappe.

Prelude in F

(from the Wilhelm Friedemann Bach Book)

Each phrase must be shaped so that it leads to the point of greatest interest—marked by the *crescendo*. Melodic lines formed by the changing notes in semiquaver groups must be slightly marked, so that they move in warmly coloured effects with the quavers. Time must be strict, rhythm well marked.

Prelude en Fa

(Extrait du Livre de Wilhelm Friedemann Bach)

Chaque phrase doit être jouée de façon à mener au point d'intérêt le plus grand marqué par le *crescendo*. Les lignes mélodiques formées par les groupes en doubles croches doivent être légèrement marquées, afin que leur mouvement donne des effets chaudement colorés par les croches. La mesure doit être stricte, le rythme bien marqué.

BACH

mp
mf
f
rit.
ff

Bourrée

This must be played with buoyant rhythm and attention to all staccato signs and slurs. The *Bourrée* is a lively dance of French origin, similar in style to the *Gavotte* but with the important difference that every phrase of the *Bourrée* begins on the *fourth* crotchet of a bar instead of the *third*.

Bourrée

Ce morceau doit être joué sur un rythme vif, en tenant compte de toutes les indications de staccato et des liaisons. La *Bourrée* est une danse pleine d'entrain d'origine française, d'un genre semblable à celui de la *Gavotte*, mais avec la différence importante que chaque phrase de la *Bourrée* débute sur la *quatrième* noire d'une mesure au lieu de la *troisième*.

BACH

Rustic Song

Bring out the melody in the upper notes of chords. Shape the hands over the keys, keep the fingers firm to carry the keys down exactly together. In the middle section let R.H. and L.H. *lower* notes sing together, play the small accompaniment chords lightly. Tone must rise and fall, giving the effect of open-air singing.

Chanson Rustique

Faire ressortir la mélodie dans les notes supérieures des accords. Courber les mains au-dessus des touches, maintenir les doigts fermes, pour enfoncer les touches exactement en même temps. Dans la partie centrale, faire chanter ensemble les notes de la main droite et de la main gauche, jouer avec légèreté le petit accompagnement d'accords. La *sonorité* doit monter et descendre, en produisant l'effet d'un chant en plein air.

Gigue en Rondeau

To be played lightly, rhythmically, with bright but not overdone accentuation and plenty of tone variants within a small range. L.H. notes should be smooth, with singing tone in the lowest parts.

Gigue en Rondeau

A jouer légèrement, bien rythmé, avec une accentuation brillante, mais sans exagération, et beaucoup de variations de sonorité. Le jeu de la main gauche doit être doux, avec une bonne sonorité pour les notes les plus basses.

RAMEAU
1683-1764

p
mp
mf
f
fp
fp
cresc.
p
mp
cresc.

Minuet

(*From Sonata in D*)

Pay great attention to the interesting melodic detail in the L.H. Let the tone be sweet and clear—not so much singing quality as brightness and delicacy. Time dotted quavers carefully and make the semiquavers move lightly to the following beat. Precise rhythm, with only a slight slackening at cadences.

Menuet

(*Extrait de la Sonate en Ré*)

Faire grande attention au détail mélodique à la main gauche. Faire en sorte que la *sonorité* soit douce et claire—pas seulement chantante mais aussi pleine de brio et de délicatesse. Jouer avec soin les croches marquant le temps, et faire progresser avec légèreté les doubles croches jusqu'au temps suivant, en ralentissant seulement un peu aux cadences.

Tempo di Menuetto ♩ = 112

HAYDN
1732-1809

B. & Co. Ltd. 19590

(a)
(b)
cresc.
cresc.

mf
dim.
p
poco cresc.
p
cresc.
f

Le Moucheron

(The Gnat)

Very light, rhythmical treatment is needed for this, with clear accents (not too strong) and plenty of tone variety on a small scale, to represent the incessant movement and murmur of the gnats. Notice that each phrase begins on a weak sound in the midst of a bar.

Le Moucheron

Ce morceau doit être joué avec beaucoup de légèreté et de rythme, des accents clairs (pas trop forts), et une grande variété de nuances d'une phrase à l'autre, pour reproduire le mouvement et le murmure incessant des moucherons. Remarquer que chaque phrase commence par un son faible sur une fraction de temps.

COUPERIN
1668-1723

p
p
pp
mf
pp
cresc.
f
p

Waltz

Very rhythmical playing is needed here, with vivid tone contrasts, good accentual grip of the first note of each phrase group, and smaller, but well-marked, accents at the beginning of each short slur. More *cantabile* touch for middle section. Pay special attention to the *middle* note of R.H. in the syncopated bars.

Valse

Il faut à ce morceau un jeu très rythmique avec des contrastes éclatants de sonorités, une attaque bien accentuée de la première note de chaque groupe de phrases, et des accents plus souples mais bien marqués au commencement de chaque liaison courte. Un jeu plus *cantabile* pour la partie centrale. Faire spécialement attention à la *note centrale* de la main droite dans les mesures syncopées.

SCHUMANN, Op. 124, No. 4.

Animato 𝅗𝅥. = 63

19.

p
cresc.
f
sf
mf

Etude in C

Play the L.H. melody with *cantabile* touch and phrase exactly as marked. R.H. semiquavers must be *legato*, the first note of each group gently stressed, in addition to the normal accent, so that these first notes give the effect of a melodic line. Where R.H. *enters after a semiquaver rest*, take care that the first note is played *softly*.

Etude en Do

Jouer la mélodie de la main gauche avec une expression *cantabile*, et phraser exactement suivant les indications données. Les doubles croches de la main droite doivent être liées, la première note de chaque groupe doit être accentuée légèrement, en plus de l'accent normal, de façon à ce que ces premières notes donnent l'effet d'une ligne mélodique. Là où la main droite joue de nouveau après un quart de soupir, veiller à ce que la première note soit jouée *avec douceur*.

HELLER, Op. 45, No. 1.
1815-1888

Allegretto ♩ = 100—104

20.

p sempre legato

p

mf

p

mf

p

Für Elise

Be careful not to overdo the stresses which occur upon the third semiquaver of the opening group and all similar places. Join carefully the groups shared by the hands, and make sure that they are felt as *three* lots of *twos* and *not* two lots of *threes*. Slow practise will help to get the demisemiquaver passages even, and rotational freedom with tilt towards the thumb will bring out the melodic detail in lower notes here.

Pour Elise

Avoir soin de ne pas exagérer les accentuations qui se trouvent sur la troisième double croche du groupe servant d'introduction et à tous les endroits analogues. Faire avec soin la jonction des groupes que les mains se partagent, et s'assurer qu'ils sont interprêtés comme *trois séries de deux doubles croches* et *non* deux séries de *trois*. Un travail lent aidera à égaliser les passages de triples croches, une légère inclinaison de la main vers le pouce contribuera à faire ressortir le détail de la mélodie qui se trouve dans ce passage aux notes graves de la main gauche.

BEETHOVEN,

dim.
pp
dolce
(a)
poco rit.
(a)

mf
p
dim.
pp
f

dim.
cresc.
dim.
poco rit.

Elegie

(Aquarellen, No. 1)

Think in phrase groups, and not note by note, so that each small or larger section moves to its point of progression with gently undulating tone. Within these flowing phrases attend to all details such as the slurred-staccato, which must be only *just* detached and played with *speaking* quality of tone. Part-playing needs good tone control to keep the lower voice of R.H. slightly subdued. Do not allow the repeated chords and broken chord accompaniment to sound "stodgy". Let the time be flexible enough to give a serene effect without too much sentimentality.

Elegie

(Aquarellen, No. 1)

Penser votre jeu en phrases musicales et non pas note après note, de sorte que chaque section petite ou plus importante s'achemine vers sa conclusion sur une sonorité douce et légère. A l'intérieur de ces phrases coulantes, observer tous les détails, tels que le staccato-lié, qui doit *juste* être détaché. Le jeu des parties nécessite une bonne maitrise de la *sonorité*, pour maintenir un léger assujettissement du chant inférieur de la main droite. Ne pas permettre à l'accompagnement en accords répétés ou en accord brisé de produire des sons "trops durs". La mesure doit être assez souple pour produire un effet serein, sans trop de sentimentalité.

GADE, Op. 19.
1817-1890

a tempo
cresc.
rit.
dim.
dim.
rit.

Allegro

First Movement from Sonata in C

This must be played with a beautiful song-like touch, all the semiquaver passages clearly defined, bright in tone, but unhurried, each going its appointed way to the more strongly accented final note at the beginning of a bar. Be careful to enter exactly on the time-spot after a short rest, as in bars 18—21, etc.

Allegro

(Premier mouvement extrait de la Sonate en Do)

Il faut faire usage d'un beau toucher chantant dans le jeu de ce morceau; tous les passages à doubles croches doivent être joués avec clarté dans une sonorité brillante, mais sans précipitation, jusqu'à la note finale accentuée plus fortement au commencement de la mesure qui suit. Avoir soin d'attaquer exactement sur le temps qui suit une courte pause, comme dans les mesures 18 à 21, etc.

MOZART, K. 545.
1756-1791

23. **Allegro** ♩ = 126—132

legato p p p p

cresc.

p *legato*

(a) (b) tr

p p

(a) or

(b)

(a)
tr.
p
(b)
dim.
cresc.
tr
f
mp
cresc.
(a)
(b)

f
dim.
p dolce
cresc.
poco
a
poco

Song Without Words

See that the notes of chords go down exactly together. Make the melody in upper notes sing sweetly, and pay attention to detail in the inner parts. Do not exaggerate the *expression*.

Romance Sans Paroles

Faire en sorte que les notes des accords soient plaquées exactement ensemble. Faire chanter doucement la mélodie des notes supérieures, et observer les détails dans les parties intérieures. Ne pas exagérer l'*expression*.

MENDELSSOHN, Op. 30, No. 3.
1809-1847